RETOUCHE

DES

CLICHÉS PHOTOGRAPHIQUES

ÉTUDE DE RETOUCHE

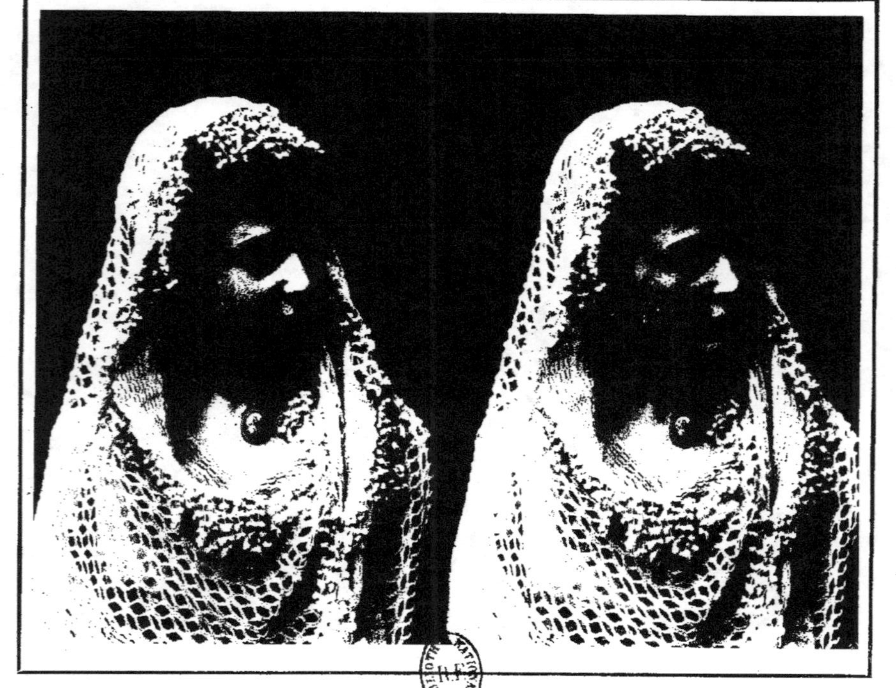

*Cliché obtenu et retouché
par M. F. Luckhardt
de Vienne*

*Tirage Photoglyptique
de Mess. Goupil & Cie*

RETOUCHE

PHOTOGRAPHIQUE

PAR UN SPÉCIALISTE

ORNÉ DE DEUX BELLES ÉTUDES DE RETOUCHE

D'APRÈS UN CLICHÉ DE

M. FRITZ LUCKHARDT, de Vienne

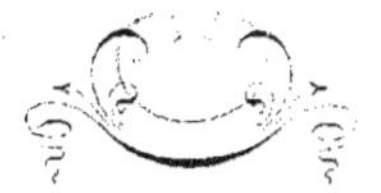

PARIS

CHEZ H. CARETTE, RUE D'ENGHIEN, 31

—

1873

PRÉFACE

La retouche des clichés s'est rapidement propagée dans le monde photographique. Tous les photographes ayant quelque souci de l'appréciation de leurs œuvres l'ont reconnue comme une nécessité indispensable pour la production d'épreuves qui eussent quelque valeur au point de vue de l'art.

Depuis longtemps déjà je pensais qu'il serait utile pour beaucoup de mes collègues de posséder un ouvrage traitant de cette partie si importante de la photographie. C'est donc (je crois pouvoir le dire) le premier ouvrage français écrit sur la retouche des clichés que j'ai l'honneur de présenter à **MM.** *les photographes.*

Dans cet ouvrage j'ai pensé devoir écrire pour tout le monde, savants et ignorants; s'il n'est pas donné à tous d'exécuter la retouche des négatifs d'une façon mer-

veilleuse, il est au moins permis à tous d'essayer d'y arriver et j'ai voulu en faciliter les moyens.

Ceux de mes lecteurs qui sont toujours satisfaits de leur travail sont parfaitement libres de mettre de côté ces quelques pages, écrites pour l'artiste consciencieux et modeste, convaincu de cette vérité qu'on a toujours quelque chose à apprendre.

Certes, je n'ai pas la prétention d'indiquer aux vétérans de la photographie comment on retouche un négatif; ma tâche est plus humble, elle se borne à récapituler différents procédés recommandés pour cette retouche, à donner quelques conseils, les uns empruntés à différents ouvrages publiés à l'étranger, les autres conséquence de ma propre expérience.

CHAPITRE Ier

Considérations générales sur la retouche des clichés photographiques.

Il y a quelques années, on eût regardé comme une hérésie, en fait d'art, de prôner la correction artificielle des clichés photographiques.

Cette idée de retoucher le cliché n'est pas une idée neuve, et certainement elle a dû prendre naissance avec le cliché lui-même. Il n'en est guère de parfaits, et chaque photographe, dès le début, s'est inquiété des trous, des taches, des défectuosités naturelles ou non prévues de son œuvre, et a cherché à y remédier.

A cette époque, la partie mécanique de la photographie n'avait pas fait les progrès qu'elle a accomplis depuis; mais, à l'heure où j'écris, les différents procédés donnent des résultats si parfaits que le progrès a dû s'engager dans une autre direction. Les vieux préjugés ont fait place à un sentiment nouveau et plus juste : obtenir de bonnes épreuves par tous les moyens et par tout moyen.

Qu'il s'agisse de portraits ou de paysages, il est bien rare que la photographie seule nous donne tout ce que nous voulons obtenir ; ombres lourdes, détails confus, contrastes heurtés, manque d'harmonie, plusieurs de ces défauts, souvent tous à la fois, se retrouvent dans les clichés de tous genres ; il a fallu tenter de les éviter ou du moins de les atténuer.

C'est pour toutes ces raisons qu'on s'est habitué aujourd'hui à retoucher les clichés. On assourdit les ombres, on jette quelques grands clairs, on efface certaines défectuosités ; qui pourrait assurer que tous ces artifices ne sont pas légitimes pourvu que l'effet en soit bon ? C'est ici surtout que la fin justifie les moyens.

Aucun sujet n'est banal ni oiseux, du moment que quelqu'un peut en retirer quelque fruit ; c'est pourquoi je me permettrai d'ajouter qu'on a un peu dépassé la mesure, et qu'à force de retoucher on est souvent arrivé à dénaturer complétement, non-seulement l'expression, mais aussi le type.

Au point de vue de l'art, je dois bien le dire, l'éducation de beaucoup de photographes ou de retoucheurs est complétement à refaire ; ils oublient trop que la face humaine n'est pas un plan, mais un galbe sur lequel se combinent les courbures les plus délicates.

A l'appui des quelques lignes qui précèdent, je ne saurais mieux faire que d'emprunter à un excellent article de M. le comte Ludovico de Courten les passages qui vont suivre :

« Tant que la retouche confiée à des mains habiles se maintient dans des bornes équitables, il n'y aurait qu'à s'en louer. Malheureusement, la foule des opérateurs ignorants s'est mise à son tour à employer un moyen qui dépassait ses forces. Ajoutons que même des *passabilités* photographiques se sont ainsi rendues inacceptables. Entrée dans leur atelier, la retouche n'a plus connu de retenue ni de pudeur. Et quand je parle d'*impudeur*, j'entends parler de cette abominable manie qui fait qu'on ajoute, retranche, comble, aplanit, façonne enfin un visage humain avec le même sang-froid que si on promenait un rabot sur une planche, ou si on pétrissait un morceau de terre glaise.

» Rien de plus grotesque que l'aspect d'épreuves

ainsi traitées ! On y voit des fronts aplatis, des yeux rongés, des nez qui ont un maigre filet de lumière là où il ne doit pas être, des lèvres amincies, et, brochant sur le tout, une physionomie sans cachet et parfois sans ressemblance avec le modèle. La sensation qu'on éprouve en face de ces images est indéfinissable. On se dit bien : « c'est telle personne, » et pourtant on n'aurait pas de difficultés à admettre que ce fût une autre ayant des traits analogues. Je ne parle pas du mécanisme grossier de la retouche dont les moins difficiles sont désagréablement frappés.

» Un visage sur lequel s'épanouit fréquemment le sourire, même à l'état de repos, a une tout autre expression que celui qui porte l'empreinte de la tristesse ou du sérieux. Les traits délicats et pleins de la jeunesse peuvent bien ne pas avoir ces marques qui sont le timbre obligatoire de l'âge; cette absence est même leur plus grand ornement. Or, faire complétement disparaître chaque ride, chaque pli de la peau, c'est rajeunir, c'est enlever au visage toute expression du *caractère* de la personne, — c'est en faire un masque fardé, reflet du marbre et de la pierre.

» On voit combien est difficile cette retouche *hon-*

nète et loyale. On voit avec quelle précaution il faut *retrancher* quelques années de l'âge du modèle.

» Beaucoup de fautes se commettent aussi dans la retouche du nez : quand il se présente de profil, les contours en sont tellement nets qu'il est presque impossible de les altérer. Il n'en est plus ainsi dans un portrait de face ou de trois quarts, un coup de crayon mal appliqué peut en changer complétement la forme. De là ces ressemblances douteuses.

» On ne saurait non plus se mettre trop en garde contre une manie d'*arrondir* qui est actuellement épidémique. Y a-t-il un bras, une épaule qui fait une courbe rentrante ? Vite, on comble le creux à force de retouches, sans songer que ce retrait des contours a sa raison d'être ; raison impérieuse, puisqu'il provient du jeu d'un muscle, *inévitable* dans cette position.

» La photographie, je l'ai dit autrefois, a fait un grand bien aux arts, car elle contribue puissamment à la destruction des médiocrités : il lui faut maintenant vouloir l'élimination des siennes propres. Si la bohême a envahi la photographie, — le nouvel art doit, à son tour, résolûment répudier la bohême. Et, constatons-le avec joie, il faut un tel concours de science et de bon goût pour produire actuellement des œuvres hors ligne que cela n'est déjà plus du domaine du vulgaire.

» L'intervention de l'art dans la photographie ne se borne donc plus à la seule action de la lumière : L'*intelligence* des ressources artistiques y a une large part et donne à ces productions un cachet qui leur est propre et une valeur qu'on ne saurait, sans parti pris, méconnaître. »

Cte LUDOVICO DE COURTEN.

CHAPITRE II.

Retouche des clichés photographiques. Portraits.

Il existe différentes méthodes pour retoucher les négatifs.

J'ai expérimenté personnellement plusieurs de ces méthodes ; je me bornerai ici à indiquer celles qui me semblent les plus simples et les meilleures, tout en faisant ressortir les inconvénients de quelques-unes, qui cependant donnent encore d'excellents résultats entre des mains habiles et exercées.

Pour exécuter la retouche des clichés photographiques, il est de toute nécessité de se procurer un pupitre ou chevalet muni d'un verre finement dépoli et d'une glace étamée, tel qu'il est généralement vendu dans les magasins d'articles pour la photographie.

Ce pupitre sera placé sur une table près d'une

fenêtre de façon que, le jour se réfléchissant sur la glace étamée, on puisse par transparence examiner le cliché placé sur le verre dépoli, et de la manière la plus commode, par l'inclinaison donnée par l'appareil.

Il est de toute nécessité, pour éviter la fatigue des yeux, et pour mieux voir son travail, que la personne qui retouche se trouve dans une demi-obscurité, ce qui s'obtient facilement en plaçant un rideau opaque au-dessus de l'appareil et sur les côtés ; de cette manière le cliché ne reçoit aucune autre lumière que celle qui est réfléchie par la glace étamée.

On fera bien aussi de placer sous le cliché des bandes de papier noir avec ouvertures ovales ou carrées de plusieurs grandeurs, elles permettront d'éclairer seulement les parties à retoucher. Ces bandes de papier seront enlevées lorsqu'on voudra voir l'ensemble.

De cette manière, l'œil n'est point fatigué par les parties transparentes et du cliché et du verre dépoli.

Dans un portrait, par exemple. la tête étant la chose principale et la partie du cliché où on aura généralement le plus à travailler, on s'arrangera avec les bandes de papier noir de façon à couvrir tout le cliché, excepté la tête qui restera libre.

On doit aussi garantir le cliché du contact des doigts et de la main à l'aide d'un appuie-main en bois généralement adapté à l'appareil à retoucher.

Je recommande pour exécuter la retouche l'emploi des crayons de Faber et de préférence les graphites de Sibérie de la mine Alibert (crayons d'artistes).

BBBBBB	BBB	BB	B	HB
Extra tendre et extra noir.	Très-tendre et très-noir.	Très-tendre et noir.	Tendre et noir.	Moins tendre et noir.

F	H	HH	HHH	HHHHHHH
Moyen.	Dur.	Plus dur.	Très-dur.	Extra dur.

Il faut toujours donner une pointe très-fine au crayon en frottant cette mine sur du papier émeri plus ou moins fin ou bien sur une petite lime en acier.

De toute façon les crayons Faber à mines mobiles sont préférables, en ce sens qu'ils se taillent plus facilement que ceux garnis de bois, parce qu'on peut faire la pointe plus longue, ce qui permet de mieux voir son travail et de l'exécuter avec plus de finesse.

Les estompes seront en peau.

Les pinceaux en martre.

Une bonne loupe est indispensable.

Quelques photographes retouchent leurs clichés sur la gomme arabique et vernissent ensuite le négatif.

Gomme arabique..... 10 à 12 grammes.

Eau filtrée........... 100   —

Filtrer après dissolution et ajouter un gramme de borax en poudre. Etendre cette solution sur le cliché encore humide.

Cette manière de procéder donne en effet de bons résultats entre des mains exercées et habiles. Cependant, je ne conseille point cette méthode, quoiqu'elle me paraisse généralement adoptée en France, et ce pour plusieurs raisons.

D'abord la retouche sur la gomme exige des clichés renforcés, vigoureux, avec des noirs intenses. Il faut alors se servir de crayons tendres et noirs pour arriver à faire une teinte égale à celle du cliché. La pointe du crayon pénètre très-facilement à travers la couche de collodion et y fait naître des trous.

L'intensité de cette retouche change avec le vernissage du cliché qui protége cette retouche pour l'impression des épreuves positives.

De plus, comme le dit très-bien M. Van Monkowen,

ce moyen de retouche est dangereux, car si le cliché prend de l'humidité, la gomme, substance éminemment hygroscopique, se l'assimile, se gonfle et soulève la couche de vernis. Le cliché alors est perdu.

C'est pour toutes ces raisons, et bien d'autres, que je recommande particulièrement d'exécuter la retouche des clichés sur le vernis.

Le mieux est d'obtenir d'abord une surface brillante et solide en vernissant le cliché à chaud à la manière ordinaire.

Dans aucun cas on n'emploiera les vernis étendus à froid et donnant une surface mate. Cette manière d'opérer est mauvaise; le cliché se couvre presque toujours de taches, sans compter le grain plus ou moins apparent qui en résulte, la couche n'est pas solide et l'image se renforce outre mesure.

Je recommande le vernis négatif de la formule suivante qui s'adapte très-avantageusement à la retouche des clichés :

SOLUTION Nº 1.

Alcool absolu	80 centimètres cubes.
Sandaraque pulvérisée	15 grammes.
Thérébentine	5 centimètres cubes.
Huile essentielle de lavande	4 centimètres cubes.

SOLUTION N° 2.

Alcool absolu.............. 22 centimètres cubes.
Ether.................... 2 centimètres cubes.
Camphre écrasé........... 5 grammes.
Eau distillée .... 10 centimètres cubes.

On mêle les deux solutions, on laisse reposer quelques jours, on filtre au papier et le vernis est prêt pour l'usage.

La dissolution de la sandaraque se fait mieux et plus vite dans l'alcool absolu.

L'addition de l'eau à l'alcool dans la seconde solution a pour effet d'amincir le vernis, afin qu'il ne vienne pas rendre opaques les ombres transparentes de la négative.

Plus la couche de vernis a vieilli sur le négatif, plus elle durcit, on prend alors le degré de dureté de crayon en conséquence.

Plus la couche de vernis sera tendre, plus le crayon à employer sera mou et tendre, plus la couche de vernis sera dure, plus aussi le crayon devra être dur.

La couche de vernis unie et sèche ne prend pas toujours bien la retouche avec le crayon dans toutes ses parties, c'est pourquoi il sera quelquefois nécessaire de frotter ces parties avec la pierre ponce très-finement pulvérisée ou bien encore avec du sulfate de baryte.

La couche de vernis ne doit pas être trop mince, elle doit être assez forte, assez résistante pour pouvoir supporter le travail d'une pointe très-fine du crayon et la fatigue du dépolissage par la poudre.

On supprimera les défauts du cliché, soit par pointillé, en remontant le ton de manière à atteindre celui du cliché, soit par hachures, en faisant des lignes qui se touchent presque. On augmente la teinte, si besoin est, en faisant des lignes dans un autre sens, de telle sorte que cette suite de lignes ou de points ne soient à l'œil qu'une surface ne laissant pas d'interstices, autrement l'épreuve positive se ressentirait du travail et accuserait un pointillé blanc qui semblerait ne pas être d'accord avec les teintes plates et fondues du procédé photographique.

On peut du reste effacer ou corriger ce pointillé ou ces hachures avec de la gomme élastique taillée en pointe.

La pointe du crayon posée doit y laisser sa trace, on peut même, après un peu d'habitude, traîner un peu cette pointe de manière à la faire mordre, et c'est bien l'effet de l'habitude, car si dès les premiers jours on a quelques difficultés à faire mordre le crayon, rien ne semble plus facile que de retoucher sur un vernis brillant lorsqu'on a travaillé pendant quelques mois.

On retouche les défauts du cliché, tels que des taches de rousseur ou autres par trop transparentes, avec le crayon, de façon qu'on ne puisse distinguer ces taches des parties qui les entourent. Il faut aussi travailler des parties entières d'ombre, adoucir des plis trop accentués, rendre enfin le négatif harmonieux.

On obtiendra aussi d'excellents résultats en vernissant bien le côté verre du cliché (l'envers du cliché), on frotte avec de la poudre de pierre ponce, légèrement, les endroits à retoucher, on mêle une petite quantité de cette pierre ponce avec du crayon en poudre et on en tamponne les places dépolies au moyen d'une estompe ou d'un morceau de coton.

Les résultats sont merveilleux et sont obtenus avec la plus grande facilité.

Mais le crayon ne saurait être toujours suffisant, surtout dans les parties très-transparentes, pour un cliché vigoureux continué à l'acide pyrogallique; le ton gris clair de la mine ne pouvant qu'atténuer faiblement les défauts d'un cliché d'un ton plus foncé.

C'est pourquoi deux moyens sont en présence, et, quoique certains retoucheurs n'en emploient qu'un, je pense que dans beaucoup de cas il doit être insuffisant.

Ces deux moyens sont l'emploi du crayon et l'emploi du pinceau.

Je conseille de délayer de l'encre de Chine ordinaire avec de la gomme arabique. Il est bon aussi d'ajouter à cette couleur quelques gouttes de glycérine : la couleur se laisse travailler plus facilement par cette addition et devient plus solide.

En ajoutant plus ou moins de gomme, on augmente ou on diminue la force de la teinte. Seulement, il est absolument nécessaire de laisser sécher chaque fois la couche de couleur avant de repeindre à la même place, et de prendre peu de couleur avec le pinceau.

Avec cette même couleur additionnée de gomme, on peut aussi peindre d'un ton égal des parties entières du négatif qui paraissent trop transparentes, telles que les mains, les bras, des cheveux blonds, des barbes blondes, qui viendront trop noires dans l'épreuve positive.

Avec un pinceau un peu gros on couvre ces parties aussi régulièrement que possible sans s'attacher aux contours; ce travail demande un peu d'habitude, mais après quelques essais on réussit à obtenir une surface suffisamment égale. Lorsque cette couleur est sèche, on enlève la couleur qui dépasse les contours avec un pinceau plus petit et humide.

Si des taches ou des endroits trop chargés de couleur résultaient de ce travail, on les égaliserait avec de la couleur ou du crayon.

On peut aussi travailler sur le côté verre du cliché, afin d'obtenir au tirage des épreuves des copies plus claires et plus harmonieuses.

Pour cette opération on peut se servir de la couleur ordinaire sans y ajouter de gomme. On applique la couleur, et immédiatement après on touche légèrement la surface avec la pointe du doigt, jusqu'à ce qu'il se produise un grain qui est obtenu par les pores de la peau.

On obtiendrait le même résultat en tamponnant la couche de couleur avec un pinceau muni de poils un peu rudes, et coupé en forme de brosse.

Si l'intensité de la couche n'est point suffisante, on

peut facilement obtenir une teinte plus forte avec un crayon tendre finement taillé, en exécutant des hachures sur la surface de la couleur obtenue.

Très-souvent aussi on se sert de rouge végétal, de bleu végétal, de bleu de Prusse, de terre de Sienne brûlée, de gomme-gutte, pour couvrir de plus grandes parties, parce que ces couleurs sont transparentes et se laissent uniformément appliquer.

En principe, comme il faut éviter, autant que possible, que le grain de la retouche ne s'aperçoive, on travaillera le côté du négatif aussi longtemps qu'il sera possible de le faire, en lui conservant une propreté complète.

Lorsqu'il ne pourra plus prendre de crayon ni de couleur, on travaillera alors l'envers du cliché.

Les points, les petits trous, ou autres taches du cliché, on les couvrira avec de l'encre de Chine ou du carmin, en évitant d'humecter la pointe du pinceau avec de la salive, car alors la couleur devient mauvaise et ne couvre plus.

Pour la retouche des clichés qui doivent servir à imprimer beaucoup d'épreuves, je recommande aussi le moyen suivant :

On prend du vernis à l'ambre jaune ordinaire (ce vernis sèche très lentement), on y ajoute un peu d'huile de thérébentine, on le filtre bien et on l'étend sur le négatif, soit à chaud, soit à froid.

On le laisse sécher en le préservant de la poussière.

Le jour suivant (ou après un temps plus long), on retouche le négatif au crayon et au pinceau.

Lorsque la retouche est terminée, on vernit le négatif à une chaleur modérée avec le vernis ordinaire.

Cette seconde couche de vernis protége complétement la retouche.

On peut alors nettoyer hardiment un négatif traité de cette façon, enlever les poussières ou autres taches avec une éponge légèrement mouillée.

Cette seconde couche de vernis est rendue plus solide par la tenacité de la première couche de vernis à l'ambre jaune.

CHAPITRE III.

Retouche des clichés par le collodion coloré à l'aniline.

M. Fritz Luckhardt, photographe de Vienne, a inventé une méthode de retouche des clichés qui donne d'excellents résultats.

Tout le monde sait que l'effet artistique d'un portrait dépend principalement de l'harmonie des contrastes qui doivent exister dans les différentes parties de l'épreuve positive.

Pour obtenir ce résultat, on imprime le cliché de la manière suivante :

Lorsque l'épreuve positive est venue, on colle de petits morceaux de papier noir, découpés d'avance, sur la partie extérieure du châssis-presse, sur les parties correspondantes de la tête, des mains, etc., etc., etc., afin de laisser encore venir certaines parties du cliché qui ne sont point garanties, soit pour faire apparaître plus de détails, soit pour en harmoniser d'autres.

Lorsque cette opération est terminée, on place l'épreuve positive sous une feuille de verre bien propre, on masque avec du coton les parties de l'épreuve venues à point, pour laisser encore agir la lumière sur certaines autres parties si besoin est.

C'est de cette manière que semblent avoir été imprimées les admirables épreuves de M. Adam-Salomon.

Mais ces découpures de papier noir et ces opérations successives de tirage demandent beaucoup de temps et de peine, les manipulations sont délicates, c'est pourquoi M. Fritz Luckhardt recommande la méthode que je vais décrire, surtout lorsqu'il s'agit de surexposer certaines parties du négatif, telles que des vêtements de dentelles, des robes blanches, etc., etc., pour faire paraître des détails, et ce, sans que la figure, les mains ou telle autre partie du modèle ne viennent par trop noires.

On prépare une solution alcoolique très-foncée de rouge d'aniline (fuschine).

Dans du collodion non ioduré et parfaitement reposé,

on versera quelques gouttes de cette solution d'aniline, on obtiendra alors un liquide plus ou moins rouge.

On pourra, du reste, faire plusieurs bouteilles du même collodion, plus ou moins colorées par plus ou moins d'addition de la solution alcoolique.

Maintenant, on désire rendre plus intenses, localement, la figure, les mains, ou telle autre partie du négatif, on choisit alors le collodion rouge convenable, on verse sur le côté verre du négatif une petite quantité de ce collodion, on obtiendra une couche plus ou moins rouge, transparente et très-égale qu'on laissera sécher le temps nécessaire.

Plaçant ensuite le négatif sur le pupitre à retoucher, on suivra avec soin les contours des parties qu'on veut protéger avec le collodion coloré, avec la pointe d'une aiguille modérément flexible placée dans un petit manche en bois.

Ce travail terminé, on peut alors, avec un petit morceau de bois mou taillé en pointe, enlever doucement le collodion rouge des parties de la glace qui ne doivent pas être couvertes.

Si on humecte le petit morceau de bois avec un peu d'eau, l'opération marchera plus vite.

Si on veut rendre le fond plus sombre, par exemple, on couvrira la figure, les mains et les vêtements.

Veut-on rendre le fond, les cheveux, etc., etc., plus clairs, on fera le contraire.

Au bout de quelques heures, les parties collodionnées deviennent très-dures, aussi il n'y a pas à craindre le frottement dans les châssis-presses.

Du reste, pour assurer la fixation du collodion coloré sur l'envers du cliché, on peut y ajouter une petite quantité de vernis négatif, mais cela n'est pas bien utile, d'autant plus que l'enlèvement des parties dont on n'a pas besoin devient plus difficile par l'addition de ce vernis.

Il faut cependant veiller à régler ponctuellement les parties à préserver avec la pointe de l'aiguille ; l'épaisseur du verre empêche qu'il se produise des doubles contours dans l'épreuve positive.

En agissant ainsi, on comprendra qu'il est possible de modifier à l'infini les valeurs de telle ou telle partie d'un cliché, et ce d'une manière beaucoup plus simple, plus correcte et plus rapide, qu'avec le travail exécuté au pinceau.

Cette méthode s'appliquera aussi bien à la retouche

des clichés de paysages et aux reproductions de tableaux.

L'artiste intelligent verra le parti immense qu'il peut tirer de cette manière de faire, puisque la couche locale de collodion rouge agit comme si on avait pu renforcer à part les parties du négatif qu'elle protége.

CHAPITRE IV.

Retouche des clichés de paysages.

On s'est habitué aujourd'hui à retoucher les portraits sur toute leur surface. Je ne suis pas sûr qu'il soit aussi opportun d'en agir ainsi avec tous les clichés de vues en général, mais il n'est pas douteux que la plupart le réclament impérieusement et ne peuvent qu'y gagner, c'est ce qui m'engage à formuler ici quelques conseils :

Dans les clichés de paysages, le ciel n'est pas toujours aussi opaque, aussi pur, aussi clair qu'on le désire.

Lorsque le ciel est pur et clair, l'effet est monotone, c'est alors que, pour relever l'effet, il est bon de faire des nuages.

On obtient facilement ces nuages en appliquant sur

l'envers du cliché des nuances de couleurs, en forme de nuages et en harmonie avec le sujet, avec de l'encre de Chine mélangée avec un peu de gomme arabique.

(Il est à remarquer que ce travail n'a pas besoin d'être finement exécuté).

Ce procédé donne souvent un meilleur résultat que l'impression de nuages obtenus au moyen d'un négatif de nuages; il fournit surtout plus d'air et de légèreté au paysage.

Pour peindre les nuages, on emploie souvent du rouge ou du bleu végétal; je donne pourtant la préférence aux couleurs noires.

Mais il en est tout à fait autrement lorsqu'il s'agit de couvrir tout le ciel, de manière que celui-ci reste complétement blanc sur l'épreuve positive.

Dans ce cas, je préfère employer la couleur rouge, le vermillon, le rouge anglais, le rouge de Van-Dick par exemple.

Une de ces couleurs sèche et pulvérisée sera délayée bien proprement avec un pinceau humecté d'eau sur une plaque de verre, on ajoutera à cette couleur très-épaisse un peu de gomme arabique et quelques gouttes de glycérine, le tout sera encore mélangé jusqu'à consistance de pommade et recueilli dans un récipient pour l'usage.

L'addition de la gomme doit être modérée, la couleur doit être franchement opaque.

L'addition de la glycérine a pour objet d'empêcher la couleur de se crever et de s'écarter.

La couleur rouge est préférable dans ce cas, parce qu'elle couvre bien, parce qu'elle se remarque bien en peignant les contours de l'horizon sur le négatif côté du vernis.

Lorsqu'un petit endroit n'a pas été très-fortement couvert, cette couleur rouge, quoique mince, empêche davantage de pénétrer la lumière qu'une couleur noire mince.

J'emploie de préférence pour cet usage le rouge de Van-Dick, ainsi que pour boucher les petits trous dans le négatif.

Lorsqu'il y a confusion dans certaines parties du paysage, il suffit d'un léger lavis avec des couleurs transparentes pour isoler et détacher quelques détails qui servent de repoussoirs et pour harmoniser la valeur relative de différents plans.

Si tous les détails des rochers ou de feuillage ne sont pas bien venus, on peut les renforcer sur la surface du cliché verni avec la couleur ou le crayon.

Les éclats de lumière dans les cascades, ou à la surface de l'eau tranquille, peuvent être enlevés avec vigueur par de petits traits durs et bien noirs et par de petites touches habilement distribuées dans les endroits où le réclament les besoins de l'art ou les défauts du cliché.

De cette manière, les objets qui ne font point assez saillie peuvent ressortir, tandis que d'autres qui avancent trop peuvent être reculés à des plans éloignés.

Le chapitre de la retouche des clichés par le collodion coloré à l'aniline donnera des moyens excellents pour modifier les clichés d'une manière sûre et rapide, surtout lorsque les parties transparentes ne seront pas assez venues.

J'indique tous ces différents moyens dans l'espoir d'attirer l'attention des photographes paysagistes sagement préoccupés de produire par tous moyens des images qui réunissent toutes les perfections du beau et de l'art.

CHAPITRE V

Méthode raisonnée de la retouche du cliché (portrait).

Le but des lignes qui vont suivre est de rechercher comment et jusqu'à quel point il est permis d'user de la retouche du cliché pour éliminer ou adoucir certains petits défauts, et jusqu'à quel point, dans l'intérêt de la réussite et de la beauté du portrait photographique et sans faire tort à la ressemblance, il est permis d'ajouter à ce même cliché.

En considérant bien la forme de la figure humaine, il est évident que les parties où il y aura le moins à changer ou à retoucher sont celles qui apparaissent le plus à l'œil, où se trouvent les os, qui sont le solide élément de la configuration du visage.

Ces parties sont le front, le nez, la mâchoire.

L'ouverture des yeux, de la bouche, la forme du

nez, les parties saillantes du menton, gardant toujours leurs proportions, sont les parties qui constituent ce qu'on appelle la ressemblance.

Une plus grande ou une plus petite extension des muscles du visage, en particulier ceux des paupières, des parties extrêmes de la bouche, la position de la mâchoire inférieure déterminent ce qu'on appelle l'expression.

En présence des deux premières parties, il faut que la main du retoucheur agisse avec la plus grande précaution, car ce sont ces parties qui constituent les formes.

En présence de la troisième, on pourra agir plus librement, d'autant plus que nous allons rencontrer des parties ridées, des taches de rousseur, etc., etc.

N'oublions pas qu'ici la peau prédomine comme surface et qu'en photographie elle exerce, par ses taches, ses couleurs, un plus grand effet chimique que les parties qui sont au-dessous d'elle, qui ne se traduisent que par de fines nuances d'ombre et de lumière.

Donc, la principale difficulté de la retouche des clichés, c'est de faire valoir ces modulations d'ombre et de lumière, en supprimant ou en atténuant les effets désordonnés des couleurs.

Nous allons maintenant essayer de donner en détail des conseils qui aient quelque valeur.

Suivons la disposition des différentes parties du visage, leur changement avec l'âge, leur apparence diverse avec le sexe, et leur importance au point de vue de l'expression et de la ressemblance.

Le Front. — Chez l'enfant, le front est rond et uni, chez l'homme il est divisé en plusieurs parties clairement reconnaissables et qui constituent chez lui la principale expression du caractère.

La partie supérieure du front est la partie de la tête humaine où le crâne apparaît le plus uni.

La partie inférieure est terminée par les sourcils, qui eux-mêmes constituent un élément très-mobile.

Dans un bon éclairage du modèle, les surfaces de la partie supérieure du front se détachent clairement de l'autre, le travail du retoucheur se bornera donc à bien nettoyer ces surfaces pour les faire apparaître dans leur entier.

Un front trop rond est supportable chez une femme.

il deviendra mou et peu avantageux pour un homme.

Adoucissez ou atténuez les rides parallèles du front, qui forment des sillons horizontaux.

Les rides transversales et perpendiculaires, qui apparaissent sur le front des personnes d'un âge déjà avancé et qui par leur effet produisent une mauvaise expression, peuvent être éliminées complétement.

Tout au plus pourra-t-on conserver les deux rides ou sillons qui prennent naissance à la racine du nez, qui se dirigent vers le haut du front et qui détournent les rides horizontales de leur direction.

Cependant si le modèle a froncé le sourcil, adoucissez un peu ces deux plis ou rides, de manière à les combler à moitié si le sujet est coutumier du fait ou s'il est un peu âgé.

Voyez la disposition des cheveux sur les tempes et sur le haut du front, supprimez les petits poils des sourcils qui poussent trop haut, de cette manière vous en régularisez la forme et la courbe.

Supprimez autant que possible la partie des sourcils qui se trouve au-dessus du nez, cette disposition donnant au visage un air sombre ou farouche, d'autant plus que dans cet endroit il y a de l'ombre.

Le travail du retoucheur, d'après tout ce que nous venons de dire, pourrait ainsi se résumer : faire ressortir les surfaces plates du front, arrangement consciencieux de la naissance des cheveux, adoucissement ou élimination des rides perpendiculaires ou de peu d'importance, conservation atténuée des rides horizontales, éclaircissement des courbes des sourcils.

Ces retouches seront faites naturellement d'après l'âge et le sexe du modèle.

Le Nez. — La partie supérieure du nez est osseuse, la partie inférieure est formée d'un muscle ferme plus ou moins long ou plus ou moins plat.

En éclairant la pointe du nez, celui-ci se détachera et se trouvera plus en relief.

Ayez soin que la côte du nez se détache et laisse une demi-teinte sur la cloison, qui sans cette précaution serait souvent trop large.

En général, la côte du nez n'est bien accentuée sur le négatif que lorsqu'elle est luisante et que le nez est un peu en lame de couteau. — Alors le relief est bien indiqué, le nez vient en avant ; mais lorsque le modèle a le nez large ou gros, souvent la lumière glisse et le grossit encore sans déterminer la cloison, c'est alors qu'en montant le ton du cliché sur la côte du nez ou bien en la faisant on obtient un dessin plus correct.

Couvrez un peu l'ombre des ailes du nez, de cette manière on les rend plus petites, si dans l'original elles sont un peu trop larges.

Ne laissez pas les ombres des deux trous du nez absolument noires.

Atténuez l'ombre portée par le nez sur la lèvre inférieure s'il y a lieu.

La Bouche. — La bouche, par sa mobilité extrême, par l'élévation ou l'abaissement de ses angles, par sa plus ou moins grande extension, est le principal indice de nos sensations extérieures.

C'est pour toutes ces raisons que le retoucheur apportera ici toute son attention.

Si le modèle a une moustache assez épaisse, qui fasse une ombre portée, atténuez un peu cette partie, qui sans cette précaution pourrait être un peu dure.

Supprimez complétement les petites fentes qui peuvent se trouver sur les lèvres.

La forme de la bouche peut être très-embellie en

faisant ressortir les contours des lèvres et leur régularité.

Si le modèle est d'un âge avancé, la bouche est tombante et forme deux sillons fortement marqués aux coins de la bouche, il faut les adoucir.

Mais n'enlevez pas la commissure des lèvres, car si vous agissiez ainsi vous feriez la bouche pincée.

Éclairez un peu la lèvre inférieure, presque toujours trop noire.

L'Œil. — Les yeux sont une partie tellement importante de la figure, que déjà, pendant la pose, le photographe y a prêté toute son attention, pour déterminer chez le modèle la direction du regard et l'expression.

Cependant, dans maintes occasions, le retoucheur pourra ici exercer son habileté.

Le regard du modèle, calme et clair d'habitude, s'assombrit souvent au commencement de la pose, les paupières et les prunelles s'abaissent, et l'éclat de la partie supérieure des yeux se perd insensiblement.

On peut remédier facilement à cet inconvénient en indiquant fortement sur le négatif les bords de l'iris.

Même observation pour les modèles dont les yeux sont bleus.

Il arrive aussi très-souvent que le point lumineux de l'œil placé dans l'ombre est indiqué plus fortement que celui qui se trouve dans la partie éclairée du visage. Dans cette circonstance, il faudra naturellement égaliser la teinte de ces deux points lumineux.

Le même inconvénient existe souvent avec les bords de la partie inférieure des yeux, sur ces bords on trouve une lumière presque toujours plus vive que le ton du blanc de l'œil.

Renforcez et éclaircissez s'il y a lieu.

Agissez avec prudence.

Dans le blanc des yeux, particulièrement chez les personnes d'un âge avancé, il y a de petites veines qui, dans le négatif, ont l'aspect de petites taches ; on doit les supprimer en faisant attention qu'il ne faut pas rendre le blanc de l'œil trop clair.

Considérons maintenant l'entourage de l'œil :

Ici nous trouvons d'abord la partie de chair au-dessus qui est presque toujours trop sombre.

Il faut un peu éclairer les plis situés au-dessus des cils supérieurs.

Le dessous des yeux est presque toujours trop noir.

Les rides qui se trouvent à cet endroit chez les personnes âgées peuvent être conservées en les adoucissant.

En ce qui concerne les plis qui se trouvent au coin extérieur de l'œil, ils sont généralement trop caractéristiques pour qu'on songe un instant à les supprimer complétement.

Les Joues. — Les joues sont déterminées dans leurs contours et leurs surfaces par la position et la proéminence de ces mêmes joues.

Si les joues sont par trop saillantes, adoucissez l'ombre de dessous qui les fait par trop ressortir.

En séparant doucement les parties de devant et de côté, corrigez les ombres trop lourdes qui accusent chez le modèle une maigreur peu avantageuse.

Corrigez aussi l'ombre qui peut provenir de la couleur brune de la peau du modèle (ce qui arrive souvent chez les militaires ou autres personnes exposées aux ardeurs du soleil), soit sur le cliché même, soit sur le côté du verre.

Le Menton. — Chez les personnes âgées et puissantes, le menton devient gros et gras. Cette grosseur qui tombe vers le bas de la figure couvre une partie du cou et produit une disproportion des parties inférieures du visage.

Ainsi que je l'ai déjà fait remarquer au commencement de ces observations, toutes les parties grasses appartiennent aux parties extérieures de la figure et se laissent facilement retoucher sans commettre des fautes de dessin.

Lorsque le menton sera vu de face, on peut corriger le double menton en comblant les rides inférieures. Il faudra aussi, s'il y a lieu, corriger avec précaution les contours de côté.

La petite fossette dans le milieu du menton doit aussi être adoucie, car très-souvent elle se présente en forme de fente ou de trou par trop sombre.

Le Cou. — On peut en général dire du cou ce qui s'est dit du menton.

Si le cou est maigre, on fera bien d'adoucir les ombres produites par les veines et les nerfs. En retranchant ou en ajoutant, on lui donnera une forme convenable.

Même observation pour les épaules, les seins, les bras et les mains.

Ici le travail du retoucheur sera plus facile, car toutes les parties ci-dessus n'ont pas, au point de vue de la ressemblance, la même valeur que les parties de la figure.

Il faudra donc corriger des épaules maigres et carrées, des bras par trop frêles, des seins par trop maigres, sans toutefois enlever les formes.

Enfin, corrigez certaines imperfections de la chevelure, égalisez les contours.

Si les moustaches ou la barbe sont rouges ou noires, si elles sont mal venues, faites quelques détails.

Indiquez plus vivement les plis des vêtements, des robes, dans les parties frappées par la lumière, dans les manches, les cols, les voiles, les dentelles, etc., etc.

Soyez sobre de vos effets, et placez-les avec intelligence.

Le cliché, du reste, s'il est produit dans de bonnes conditions d'éclairage, vous les indiquera suffisamment.

Je suis certain que le photographe qui s'appliquera

au travail difficile de la retouche avec précaution et intelligence, produira des épreuves dont l'aspect sera naturel et vivant. Si, au contraire, il ne se rend pas un compte exact de ce qu'il fait en égalisant toutes les ombres, en couvrant indifféremment certaines parties du cliché, il produira des images lisses, bouffies où tout homme de goût constatera l'absence d'une juste modulation de la lumière et l'enlèvement des proportions anatomiques.

Enfin, c'est par le dessin d'après nature, c'est par l'observation raisonnée de bons portraits exécutés par des artistes d'un nom incontesté, par l'étude de bonnes reproductions que le retoucheur pourra former son goût et son jugement.

C'est surtout ici qu'il faudra de la patience et de la persévérance, deux qualités qui, à tous égards, ne doivent pas manquer aux photographes soucieux de leurs productions.

TABLE DES MATIÈRES.

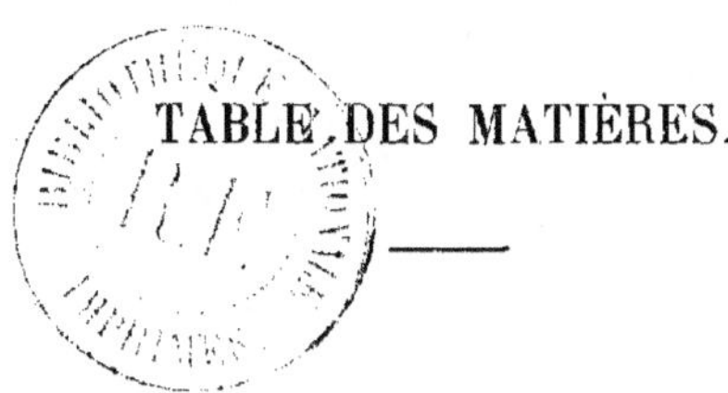

Chartres. — Imp. Durand frères, rue Fulbert.

Chartres. — Imprimerie Durand frères, rue Fulbert.

www.ingramcontent.com/pod-product-compliance
Lightning Source LLC
LaVergne TN
LVHW021153200726

843510LV00001B/342